www.ingramcontent.com/pod-product-compliance
Lightning Source LLC
LaVergne TN
LVHW020448070526
838199LV00063B/4888
9789358727746

اگلے موسم کا انتظار

(غزل مجموعہ)

اسلم عمادی

© Aslam Emadi
Agle mausam ka intizaar *(Ghazals)*
by: Aslam Emadi
Edition: May '2024
Publisher :
Taemeer Publications LLC (Michigan, USA / Hyderabad, India)

ISBN 978-93-5872-774-6

مصنف یا ناشر کی پیشگی اجازت کے بغیر اس کتاب کا کوئی بھی حصہ کسی بھی شکل میں بشمول ویب سائٹ پر
اَپ لوڈنگ کے لیے استعمال نہ کیا جائے۔ نیز اس کتاب پر کسی بھی قسم کے تنازع کو نمٹانے کا اختیار
صرف حیدر آباد (تلنگانہ) کی عدلیہ کو ہو گا۔

© اسلم عمادی

کتاب	:	**اگلے موسم کا انتظار** (غزل مجموعہ)
مصنف	:	**اسلم عمادی**
صنف	:	شاعری
ناشر	:	تعمیر پبلی کیشنز (حیدرآباد، انڈیا)
سالِ اشاعت	:	۲۰۲۴ء
صفحات	:	۱۱۲
سرورق ڈیزائن	:	تعمیر ویب ڈیزائن

بسم اللہ الرحمٰن الرحیم

الف، ایک اللہ ، اللہ اپنا !
الف ، ایک احمد ہی آگاہ اپنا !

تعارف :

محمد اسلم عمادی بی۔ای (میکانیکل)
انجینئر
پیدائش : ۱۵۔ دسمبر ۴۸ ۱۹ء

مطبوعہ تصانیف :

نیا جزیرہ (پہلا مجموعۂ کلام) ۱۹۷۴ء
اجنبی پرندے (دوسرا مجموعہ کلام) ۱۹۷۹ء

O

اس کے لئے :

سہہ لینا ہر اک سانس کی بے ہودہ سی ذلّت
یعنی کہ تری راہ گزر بھول کے جینا ——— !!

اور

اس کے لئے :

وہ جس نے کر دیا ہر استعارہ چکنا چور
وہ تیری شوخ سی آواز کا کھنکنا تھا

بقا کیوں؟ اِس بقا کی اہمیت کیا ہے؟
ان سوالوں کے باوجود، بقا درپیش ہے، کیوں کہ
یہ زندگی ہے — اور زندگی ایک کشمکش ہے،
جان لیوا اور جاں فزا — !
اس مجموعہ کا انتساب ان تمام لمحوں کے نام
کرتا ہوں جو اس نام نہاد زندگی کے دفاع میں
ضائع ہو رہے ہیں۔

— اسلم

اِشاریہ

بابِ طبرق

آئینہ بن کر تجھے منظر بنا دینا پڑا ۱۳
ہم سائے میں چھپ رہتے تھے جس تشنہ شجر کے ۱۴
اپنی انفاس سے خود بھڑکتے رہے ۱۶
ہر نظر اس رُخ روشن پہ پسینے کی طرح ۱۸
اس شبِ تار کو سہنے کا بہانہ ڈھونڈیں ۲۰
یا دھر بھی آئے گی موجِ ہوا اُداس نہ ہو ۲۲
ایک اک زخم چمکتا ہے ستارے کی طرح ۲۴
مری طرح سے ہو مٹنا اگر تو یوں کیجے ۲۵
ایک اک پل کی صدیوں میں جیا ہے ہم نے ۲۶
آنکھیں پتھر کی، زباں خاک کی، دل ہیرے کا ۲۸
آب و آتش کی قسم، دل میں وہی چاہ تری ۳۰

اب یہاں کون ہے جو اس کی صدا سمجھے گا ۳۲
تمام شہر و دشت اک خدا کے انتظار میں ۳۴
پکار اب نہ مجھے، میں تجھے بھلا بھی چکا ۳۶
بچھڑے جو تجھ سے عالم جاں ہی جدا ہی ملا ۳۸
درد نے پچھلی رات میں ٹوکا، اور کہا کہ پکار خدا کو ۴۰
دنیا ہے تجھ کو اور ترا فتنہ بھی عزیز ۴۱
تھی تو خاموش مگر بول رہی تھی مجھ سے ۴۲
عجیب ہم سفر تھے ساری عمر اجنبی رہے ۴۴
ہوا سے گزرے، فسادِ غبار سے بھی گئے ۴۶
جینا ہے تو اب اپنے ہنر بھول کے جینا ۴۸

نقطۂ آشفتہ

قریۂ فکر میں سناٹا بسا میرے بعد ۵۱
خواب کے پردے سے پکار مجھے ۵۲
تیرے ملبوس کا انداز نرالا سا لگا ۵۴
آنکھوں میں ابھی خمار سا ہے ۵۶
نئے صحیفے زمیں پر اُتارنے کے لیے ۵۷
میں بُرا ہوں، مجھے اچھا مت کہہ ۵۸
اک ٹوٹتے شجر کی کہانی سنائیں گے ۶۰
مری تلاش کو اک ہم ادا ہی جانے لگا ۶۱

۸

یوں نہ وارفتۂ حیرانی ہو ۶۲
مرا تپاک ستاتا رہا یونہی مجھ کو ۶۳
مست ہے اپنی ادا سے یہ بھی ۶۴
شعور ہر چند مری دیدہ وری کا بھی ہے ۶۶
اب صبا کو خاک یا وحشت بیانی چاہیئے ۶۷
اگرچہ بادلِ ناخواستہ ملیں اس سے ۶۸
یہ چہرے یوں ہی اگر بے نظر گزرنے تھے ۷۰
کچھ اتنا محترق غمِ جاں سے لہو نہ ہو ۷۱
ٹوٹتے کواڑوں میں روشنی در آئے گی ۷۲
ہونٹوں کو تبسم کی ادا تک نہیں آتی ۷۳
آنکھوں سے لہو چھیننے والے نہ رہیں گے ۷۴
چلی نہ جائے ہوائے ستم اڑا کے مجھے ۷۶
اس ذہن سا دشمن کوئی ہو بھی نہیں سکتا ۷۷
سر کو جھکائے بالکنی میں کون کھڑا تھا ۷۸
موسم ہنسا تو جسم کی بو یاد آ گئی ۸۰
کیا بہلے جس کو آبلہ پائی کا شوق ہو ۸۲
قید ہوں بے نور آوازوں کے بیچ ۸۳
اب سایہ رہ گیا اگر چاہو، ڈھونڈ لو ۸۴

آتشِ مرطوب

آنسو شریکِ گرمیِ حرفِ دعا رہے ۸۷

بڑھ چلی رات بجھی شمع چلو، سو جاؤ	۸۸
کہاں غروب ہوئے راستہ دکھاتے ہوئے	۸۹
تجھ کو دیکھوں کہ زمانہ دیکھوں	۹۰
سوال ایک چھپا آگ کے ضمیر میں ہے	۹۲
حُسن یخ بستہ تماشہ سرسبز	۹۳
دیکھتی رہتی ہے چپ چاپ یہ دنیا ہم کو	۹۴
فرشتے جھاڑیوں میں پھنس گئے ہیں	۹۶
اپنا امیج ٹوٹتے دیکھا نہیں گیا	۹۷
یہ بھی کوئی بدن ہے کہ جس میں صدا نہیں	۹۸
اکیلے بیٹھے سگرٹ پی رہے ہیں	۱۰۰
پھر وہ پتھریلے جزیروں کا سفر ختم ہوا	۱۰۱

نور ریزے

ابیات	۱۰۵

۱۰

بابِ طبرق

۱۸۔مئی ۱۹۸۱ء سے

کرب سے شیشۂ ساعت کی ہوئی ریگ کثیف
ایک اک پَل کئی صدیوں میں جیا ہے میں نے

آئینہ بن کر تجھے منظر بنا دینا پڑا
تجھ کو یوں سوچا کہ پھر خود کو بھلا دینا پڑا

یوں ہوا کے ساتھ در آنے لگی وحشت کی ریت
سانس کے نیلے دریچے کو بجھا دینا پڑا

اِک ترے آنے سے بدلی خانۂ دل کی فضا
کتنی تصویروں کو چپکے سے ہٹا دینا پڑا

شدّتِ غم سے ہوئی موجِ نفس یوں ملتہب
شہر کی بوجھل ہواؤں کو جلا دینا پڑا

تو مِلی شارح پہ لیکن اَن کہے جذبے کی طرح
اک اشارہ اپنی آنکھوں میں چھپا دینا پڑا

وہ سمجھتا ہے کہ مِٹنا عاشقی کی رسم ہے
جس کی خاطر خود کو اے اسلؔم مِٹا دینا پڑا

ہم سائے میں چھپ رہتے تھے جس تشنہ شجر کے
اس رات پہ جل اُٹھی ہوا آج بکھر کے

اِک ٹوٹتی آواز رواں موجِ ہوا میں
اِک اجنبی سرگوشی اُبھرتی ہوئی ڈر کے

آ۔ لوٹ چلیں اَے مرے سائے مرے ہم زاد
تنہائی مرے کمرے میں بیٹھی ہے سنور کے

اسلم عمادی 15 اگلے موسم کا انتظار (غزلیں)

شعلے سی بھڑکتی ہوئی نظّارے کی خوشبو
آئینے چکا چوندھ مری خواب نظر کے

وہ بچھڑا ہوا شہر نہ گھس آئے کہیں پھر
سب روزن و در بند ہیں اب یوں مرے گھر کے

کہتی تھی کہ اِک عمر مرے ساتھ رہے گی
وہ آگ کئی سال ہوئے جس سے گزر کے

صحرا میں بھٹکتا ہوا سایہ تو بنے ہو
آگے کہو اسلم اب ارادے ہیں کدھر کے

اپنی انفاس سے خود بھڑکتے رہے
ہم دِیا بن گئے اور سہمے رہے

کیا کہیں کس طرح ہم ترے ہجر میں
فاحشہ سوچ کے ظلم سہتے رہے

کل کے مجہول امکاں کی تائید میں
رات بھر ہم ستاروں سے لڑتے رہے

خوشبوئیں ہم کو بے تاب کرتی رہیں
اس حسیں جسم میں پھول ہنستے رہے

آگ سے خواب مدغم ہوا لب بہ لب
دیر تک پَر یُونہی پھڑپھڑاتے رہے

یک بہ یک شہر کی روشنی اُڑ گئی
اور ترے نور سے ہم اُلجھتے رہے

کس طرح ریگِ صحرا میں اسلم ہمیں
گل جزیرے نگاہوں میں آتے رہے

ہر نظر اس رخِ روشن پہ پسینے کی طرح
منجمد ہو کے چمک اُٹھی نگینے کی طرح

کیسے جذبات تھے، الفاظ جنھیں چھُو نہ سکے
تیرتے رہ گئے بے سمت سفینے کی طرح

چاہتا ہوں کہ بھُلا دوں تجھے لیکن ظالم
جاگزیں دل میں تری یاد ہے کینے کی طرح

سیرِ گُل سخت ضروری ہے کہ ہم ڈھونڈ نہ پائیں
اِستعارہ شجرِ حُسن کے سینے کی طرح

جس میں رہ رہ کے اُبھرتی ہے اُترتی ہوئی چاپ
ہے مرے ذہن میں گوشہ کوئی زینے کی طرح

راہ ڈھونڈا کئے اک راہ کو کھونے کے لئے
خواب دیکھا کئے اک خواب کو جینے کی طرح

نہ دھڑکتا ہے، نہ پیتا ہے لہو کو، اب تو
دل پڑا رہتا ہے سینے میں کمینے کی طرح

ہجر کے شہر میں اسلم وہی وحشت وہی شور
کیسے جی پائیں گے ہم ہوش میں جینے کی طرح

اس شبِ تار کو سہنے کا بہانہ ڈھونڈیں
آ، اب اک دوسرے میں حُسن کا جلوہ ڈھونڈیں

کتنے دن اپنا لہو اشک بنائیں، چلیئے!
خشک صحرا میں اِک اُمید کا چشمہ ڈھونڈیں

کتنے دن چھپتے پھریں فتنۂ تنہائی سے
کوئی ہم زاد، کوئی چیختا سایہ ڈھونڈیں

بیچ صحرا میں ٹھہر جاؤں کہیں رات کے وقت
دیر تک وحشی ہوائیں مِرا خیمہ ڈھونڈیں

اس کے ہونٹوں پہ کریں رنگِ سخن کی تحقیق
اور بہ تاویل کوئی حیلۂ بوسہ ڈھونڈیں

اس کی آنکھوں سے کریں برق وطلسمات کا اخذ
اور بہ تمحیص اسے وصل کا جذبہ ڈھونڈیں

کتنے دن زخم کو ہم سبز کہیں، خواب کو زرد
اک نیا درد، نئے رنگ کا دھوکہ ڈھونڈیں

ایک دنیا ہی نے کیا کام بنائے اپنے!
جو نئی سمت کو نکلیں، نئی دنیا ڈھونڈیں

ایک اِک زخم پہ کیا مست ہوئے ہیں اسلم
ہم کہ ہر شغل میں جینے کا بہانہ ڈھونڈیں

ادھر بھی آئے گی موجِ ہوا، اداس نہ ہو
اے برگ صبحِ خزاں اِک ذرا، اداس نہ ہو

یہ کس نے پھر شبِ تنہا میں میرا نام لیا
اَے دل۔ یہ لگتی ہے اس کی صدا اُداس نہ ہو

دنوں سے اُلجھی ہوئی چیختی ہوئی راتیں
یہ شور اپنے لہو میں بُجھا اداس نہ ہو

وہ چاند جو شبِ ہجراں میں تُو نے سوچا تھا
وہ ریزہ ریزہ بکھر بھی چکا، اداس نہ ہو

وہ اک چراغ، جو خوں میں ترے بھڑکتا تھا
وہ تھک کے پچھلے پہر سو گیا، اداس نہ ہو

چھلک اُٹھے خم و ساغر، شباب ناچ اٹھا
میں سوچتا ہوں کہیں پھر خدا اداس نہ ہو

اسی کے جسم کی خوشبو ہے تیری سانسوں میں
وہ تیرے پاس ہے اسلمؔ سدا اداس نہ ہو

ایک اِک زخم چمکتا ہے ستارے کی طرح
ہجر کی شب ہے سیاہی کے نظارے کی طرح

ہوگیا حرفِ وفا دشتِ تغافل میں سراب
ایک آن دیکھے دلآویز اشارے کی طرح

قطرے بے رنگ ہیں بے شکل و شباہت ہر ایک
بھیڑ دنیا کی ہے بہتے ہوئے دھارے کی طرح

سرحدِ خواب پہ ہوں تشنہ ازل سے کہ ہے یہ
ایک سوکھے ہوئے دریا کے کنارے کی طرح

کون ہے فتنۂ ہستی کا مسلسل نگراں!
دُور افتادہ، ستم آئینہ تارے کی طرح

یاد کے چیختے شعلوں سے بچا لیتے ہیں
مجھ کو ناول بھی اب اسلمؔ ہیں سہارے کی طرح

مری طرح سے ہو مِٹنا اگر تو یوں کیجے
کسی شفق کے لئے اپنے دل کا خوں کیجے

نہ وا ہو گر درِ میخانہ تو، بہ صبرِ جمیل
خدا کا شکر بہ ایں حالتِ زبوں کیجے

دنوں کو توڑیئے، راتوں کو کیجئے پامال
ہوا میں آگ جو بھڑکا دے وہ جنوں کیجے

بکھیریئے کوئی آواز، مثلِ شورِ خیال
تو شہرِ ہوش میں اک فتنۂ فسوں کیجے

یہ شہر ہے کہ ہے مجبر، نہ سوچئے ہرگز
ہر ایک سنگ سے دل بستگی فزوں کیجے

دکنؔ[1] کی یاد میں اسلمؔ اب اپنے شام و سحر
نہ بے چراغ و بے آفتاب یوں کیجے

[1] حیدرآباد — کہ اک شہرِ تمنا و خیال

کرب سے شیشۂ ساعت کی ہوئی ریگ کثیف
ایک اک پل کئی صدیوں میں جیا ہے میں نے

جس میں اک قطرۂ سیماب تھا ہر دم حیراں
آج وہ کاسۂ دل توڑ دیا ہے میں نے

لوگ سمجھے، نئی دنیا کی طلب میں نکلا
سچ تو بس یہ ہے کہ بن باس لیا ہے میں نے

اس گھنی رات میں ہنسنے کی نہ فرمائش کر
عمر بھر کرب کا زہراب پیا ہے میں نے

قہقہے پر مرے احباب پریشاں کیوں ہیں
یعنی شاید یہ نیا کام کیا ہے میں نے

اگلے موسم کا انتظار (غزلیں) 27 اسلم عمادی

ہونٹ سوکھے ہیں، نہ نالہ ہے نہ آنکھیں نم ہیں
اور یہ سچ ہے بہت رو بھی لیا ہے میں نے

ایک اک چہرے نے آنکھوں پہ مری دستک دی
وہ بھی اس شب میں کہ در بھیڑ لیا ہے میں نے

اک نظر دیکھ مرے زیست کے پیراہن کو
جس کے ہر چاک کو حسرت سے سیا ہے میں نے

خواب کیا دیکھے کہ اس دل پہ مصیبت ڈھا دی
اس بچارے پہ بہت ظلم کیا ہے میں نے

میرے پہلو ہی میں موجود ہے اسلم ہر پل
کون کہتا ہے دکن[1] چھوڑ دیا ہے میں نے

---

[1] حیدرآباد، کہ گہوارۂ تہذیب و خلوص

آنکھیں پتھر کی، زباں خاک کی، دل ہیرے کا
مہرباں جو بھی مِلا، چاند کا سایہ نکلا

چہرہ شاداب سہی اس کا دروں زخمی تھا
ہونٹ کھولے تو لہو لفظ کی صورت ٹپکا

ہم اُٹھے چونک کے، کیوں صبح ہوئی رات کے بیچ
جب دریچہ پہ پڑا خواب کا تیرے سایہ

مجھ سے میں ہوں، کیسے مانوں کیسے جھوٹ کہوں
لوگ کہتے ہیں ترے ہاتھ میں بھی خنجر تھا

دوست دیکھا کئے، دشمن کے ستم ہوتے رہے
دل مرا، خوابوں کا بیروت کہ لُٹتا ہی رہا

دید غازہ صفت اور دن کی تمازت عارض
زخم کا پھول ہے اور رات کا گیسو دریا

اپنی کھڑکی سے ذرا جھانک کے دیکھو تو سہی
کون ہے درد کی اس رات میں ہنسنے والا

پھول کی طرح کہ ہو خار کی صورت اسلم
غم مجھے یہ ہے کہ میں شاخِ دکن[1] سے ٹوٹا

---

[1] حیدرآباد : کہ اک نخل تناور ۔ شاداب

آب و آتش کی قسم ، دل میں وہی چاہ تری
بیٹھے ہیں تکتے ہوئے ہم تو یوں ہی راہ تری

سوکھتے سائے میں ہے جس کے چھپا تو اے دوست
وہی بد شکل سی دنیا تو ہے بدخواہ تری

سیر و تفریح سے فرصت ہو تو اس رہ سے گزر
ہم پہ بھی آنکھ پڑے چونک کے ناگاہ تری

چاند نکلا ہے کسی شب ، نہ کسی دن سورج
ہم نے تحریر ہی دیکھی نہیں اس ماہ تری

شہر مٹ جائیں ، زباں جل اُٹھے، آنکھیں سو کھیں
مدح لازم ہمیں ہر حال میں اے شاہ تری

نیند کھو جائے ، نفس کھینچے ، لہو لہرائے
آرزوئے خواب میں آمد کی ، وہی آہ ! تری

جسم کا بھیس تو پہنا ہے یہ تو نے اسلمؔ
تیری ہستی نظر آتی نہیں آگاہ تری

اب یہاں کون ہے جو اس کی صدا سمجھے گا
دل تو وحشی ہے اسے اب کوئی کیا سمجھے گا

تو ستم گر ہے کہ واقف ہے ہر اک حربے سے
مرنے والا تو فقط تیری ادا ــــ سمجھے گا

تجھ سے ٹکرانے کی لذّت نے کیا تھا سرشار
غیر تو اس کو مری لغزشِ پا سمجھے گا

سسکیاں لے گی وہ بوڑھی وہ کٹیلی جھاڑی
تو مرے پہلو میں رہنے کو بُرا سمجھے گا

ساتھ رہنا نہیں ممکن تو "خدا حافظ" ہے
ہم کو مِٹنا ہے، بھَلا تو ہمیں کیا سمجھے گا

اس حسینہ کو ہمیشہ تھی زمانے کی ہَوس
اور زمانہ مرا کب تھا مجھے کیا سمجھے گا

میں نے خود پھُونک لیا اپنا نشیمن اسلم
وہ مرا برق صفت اس کو وفا سمجھے گا

تمام شہر و دشت اک خدا کے انتظار میں
خدا، کریم، مہرباں دُعا کے انتظار میں

کھنڈر کھڑے ہیں بازگشت کے سقف لئے ہوئے
کسی ثقیل بدنما صدا کے انتظار میں

زمیں ہوا کی آفتوں سے ہے غُبار کی طرح
ادھر ہے چاند آج تک ہوا کے انتظار میں

تمام اس کے واقعات بور اور بدمزہ
ہم اپنی داستاں کی انتہا کے انتظار میں

۳۴

خرامِ اس کا دیکھئے تو کیوں نہ ہو یقین پھر
زمیں بچھی ہے اس کے نقشِ پا کے انتظار میں

وطن کی سمت جانے کی خلش ہمارے دل میں ہے
شفق اُدھر شکارِ خوشنوا کے انتظار میں

نئی زمیں پہ اب کسی نبی کا وہم بھی نہیں
مشیّتوں کے مارے ہیں فضا کے انتظار میں

اب اسلمؔ اس کے پیچھے راز کیا ہے کوئی کیا کہے
تمام لوگ اک شکستہ پا کے انتظار میں

پکار اب نہ مجھے، میں تجھے بھُلا بھی چکا
وہ اپنا کیسے ہو — جو اجنبی کا سایہ تھا

سنبھال رکھا تھا میں نے خود اپنی سمتوں کو
سمندر آج مرے ساحلوں پہ ٹھہرا تھا

اٹھائے پھرتی تھی موجِ ہوا، جنوں کے چراغ
وہ دن کچھ اور تھے جب عاشقی کا چسکہ تھا

وہ جس نے کر دیا ہر استعارہ چکنا چور
وہ تیری شوخ سی آواز کا کھنکنا تھا

شدید دھوپ کی لذّت خُنک ہَواؤں کا لُطف
ہر ایک ذرّہ کسی آرزو میں بِکھرا تھا

مِلے ہیں جو نئے معبد کے گنبد و محراب
تو یاد آیا وہ بُت جو کہ برف جیسا تھا

خبیث واہموں کی شورہ پشتی سے اسلم
وہ رشتہ ٹوٹ گیا جو کہ جان جیسا تھا

بچھڑے جو تجھ سے عالمِ جاں ہی جُدا مِلا
کیا شئے ہے دل گرفتگی اس کا پتہ مِلا

ہم کیسے کینوس پہ نیا رنگ اُبھارتے؟
ساری ہوا میں نیلا سمندر بھرا مِلا

لوٹے تو گھر کے فرش پہ دروازہ کے قریب
بچپن کا ایک اپنا ہی فوٹو پڑا مِلا!

چاہے سجا کے رکھے، نہ چاہے تو پھینک دے
تحفے میں ہے ہر ایک کو دستِ دعا مِلا

جب آنکھ کھولی ساعتِ مغرب تھی روبرو
سورج زمانِ شوق کا بُجھتا ہوا مِلا

اچھا ہوا کہ اس سے ملاقات ہو گئی
دل کے زیاں کا ایک نیا راستہ مِلا

اسلم دکنؔ[1] سے دُور جو آئے کرو حساب
سوندھی زمیں کو چھوڑ کے صحرا میں کیا مِلا

[1] حیدرآباد: کہ دوشیزہ برافگندہ نقاب

درد نے پچھلی رات ہیں ٹوکا، اور کہا کہ پکار خدا کو
ہم کیا کہتے ۔ کھو بیٹھے ہیں اک جنگل میں برگِ نوا کو

کیوں جیتے ہیں، کیا حاصل ہے دن میں چراغ جلانے کا اب
آنا جانا، کام لگا ہے، مفت میں گویا موجِ ہوا کو

جلوے ضائع ۔ نغمے ضائع اور ہر بہلاوے ناکام
ٹوٹتی مٹی کیا روکے گی اس اک دیوانے دریا کو

میرے دوست نہ پوچھ کہ کیا ہے آج کا دل اور کیا تاریخ
ایسے انسانی پیمانوں سے کام ہی کیا مجھ سے تنہا کو

جیسے دریا کرتے ہیں زرخیز زمینوں کو سیراب
دھوپ کی دیوی دودھ پلاتی ہے کچھ یونہی صحرا کو

راہ میں ایک قلندر جیسا مست ملنگ سا شخص ملا تھا
مجھ سے اسلم پوچھ رہا تھا ۔ کیوں تم لپٹے ہو دنیا کو

دنیا ہے تجھ کو۔ اور ترا فتنہ ہمیں عزیز
یعنی خراب ہونے کا سودا ہمیں عزیز

تو اور اپنے تیور و انداز کر شدید!
یہ تجھ کو کیا خبر کہ ہے مٹنا ہمیں عزیز

تو اور اپنے عارضِ گل پر بکھیر زُلف
خوشبو کچھ اور ہے یہ اندھیرا ہمیں عزیز

ہر ایک کی نظر ہے اَنا کی شکست پر!
لیکن یہ خاک اپنی، یہ سایہ ہمیں عزیز

دیوار تکتے رہنا، شب و روز بے سبب
منظر نہ جس میں ہو، وہ تماشا ہمیں عزیز

اسلم، ہوا میں زہر ہے، لیکن کریں تو کیا؟
لینی ہے سانس یعنی کہ جینا ہمیں عزیز

تھی تو خاموش مگر بول رہی تھی مجھ سے
تیرے چہرے پہ تاثر کی کمی تھی مجھ سے

پچھلی شب جس سے لگی آگ گھنے جنگل میں
مجھ کو اندیشہ ہے وہ چیخ اٹھی تھی مجھ سے

کل ہوا میں بھی پسینہ کی ترے خوشبو تھی
تیری آواز میں شب بول رہی تھی مجھ سے

اب مرے شہرِ گزشتہ میں ہے رائج کہ نہیں
اجنبی نعروں کی جو رسم چلی تھی مجھ سے

جسم سے اٹھتی تھی صندل کی رو پہلی خوشبو
رات اس طرح سے تنہائی مِلی تھی مجھ سے

لب کہ دہکے ہوئے تھے پیاس سے پھولوں کی طرح
فاحشہ تھی شبِ غم لپٹی ہوئی تھی مجھ سے

زخم کی تاب نہ لا کر ہوئے اسلم جو شہید
صبر کی شرطِ وفا ٹوٹ گئی تھی مجھ سے

عجیب ہم سفر تھے ساری عمر اجنبی رہے
شراکت اور ایسی ہر شریک دُور بھی رہے

وہ خار زار جس کو غم نہیں ہے دھوپ چھاؤں کا
وہ اتنے خوش نصیب ان کے بیچ چاندنی رہے

وہ رہ گزار جس کا ربط راہرو سے کچھ نہیں
وہ تا ابد اسی طرح سے کس لئے بچھی رہے

تو آئے تو شبوں کا جاگنا نشاط کار ہو
ہر ایک پل کے صحن میں انوکھی دھوم بھی رہے

تو آسے تو شباب ایک نغمۂ جمیل ہو
حیات چونک اُٹھے، لہو میں برق ناچتی رہے

مرے سیاہ و سرخ کی اسے خبر ہے اس قدر
مزہ کچھ اور ہو جو ہم نفس سے دشمنی رہے

عجیب پیاس ہے کہ چیختی پھرے گلی گلی!
ہوا کنواری ساری ساری رات جاگتی رہے

سنائیں اسلمؔ آپ کچھ تقدسِ جمال کی
سُنا ہے ساری رات اس کے ساتھ آپ بھی رہے

ہَوا سے گزرے؛ فسادِ غبار سے بھی گئے
طلب کچھ ایسی تھی، ہم کوئے یار سے بھی گئے

تجھے سمیٹ کے باہوں میں مست رہتے تھے
نظر کچھ ایسی لگی اس خمار سے بھی گئے

خزاں کے صحن میں پھولوں کی کب کمی تھی ہمیں
یہ مانو کلفتِ بادِ بہار سے بھی گئے

اسلم عمادی 47 اگلے موسم کا انتظار (غزلیں)

امید تھی تو کسی طرح وقت ڈھلتا تھا
یہ کیا ہُوا؟ کہ ترے انتظار سے بھی گئے

وہ دن ہی تھا کہ کم از کم تھا سایہ ساتھ اپنے
وہ شب ہے اب کہ ہر اک اعتبار سے بھی گئے

وہ دن ہی تھا کہ لہو ناچ کر لپکتا تھا
وہ شب ہے اب کہ کسی اختیار سے بھی گئے

خدا کے ہوتے پڑی ایسی دل پر اے اسلم
کہ ہم مجالِ تمنائے یار سے بھی گئے

جینا ہے تو اب اپنے ہُنر بھول کے جینا
یعنی سببِ دیدۂ تر بھول کے جینا

آئینے سے بچ بچ کے گزر جانا سرِ راہ
واماندگیٔ شوقِ سفر بھول کے جینا

سہہ لینا ہر اک سانس کی بے ہودہ سی ذلّت
یعنی کہ تری راہ گزر بھول کے جینا

کھو دینا حسیں قمقموں کی قید میں دن رات
اور پرتوِ رُخ، شمس و قمر بھول کے جینا

اس جسم میں گُھلتا ہے تو بنتا ہے لہو نورُ
کیوں کر تری شب خیز سحر بھول کے جینا

صحرا میں بھی سامان ہیں تنہائی و غم کے
اسلم مجھے راس آ گیا گھر بھول کے جینا

نقطۂ آشفتہ

یکم اکتوبر ۱۹۶۹ء – ۱۸ مئی ۱۹۸۱ء

قریۂ فکر میں سناٹا بسا میرے بعد
آخری شخص تھا میں کچھ نہ بچا میرے بعد

نہ جلا پھر کبھی احساس کا رنگین دامن
پھر نہ آیا کوئی یاں شعلہ نوا میرے بعد

ایک اک سانس کو ترسا کیا، کیا موسم تھا
سنتے ہیں شہر میں پھرتی ہے ہوا میرے بعد

میرا پیکر نہ بچا — کوچۂ دلدار میں کیوں
چاپ سی پھر بھی ابھرتی ہے صدا میرے بعد

ٹوٹنا، ٹوٹتے رہنا تو ہے اک رسمِ جنوں
اہلِ دل ہی جو نہیں، ٹوٹتا کیا میرے بعد

قاتلِ شہر بھی کس سکھ سے جیئے گا اسلم
حوصلہ کس میں ہے؟ کرے گا جو گلہ میرے بعد

خواب کے پردہ سے پکار مجھے
غم کی دھرتی پہ پھر اتار مجھے

میری آنکھوں سے تو پریشاں ہے
تیرے آنے کا انتظار مجھے

آج ماضی کا آخری دن ہے
اگلے موسم پہ اعتبار مجھے

آج کی شب ہے آخری شبِ تار
آج پھر خواب کا خمار مجھے

دِل میں ایسا عجیب موسم ہے
موسمِ گُل بھی ریگ زار مجھے

اِسی تختے پہ رہنے دے یونہی
ریگِ ساحل پہ مت اُتار مجھے

کھول لوں آنکھیں بند بھی کر لوں
ہے بھی کس شئے پہ اختیار مجھے

نہ کوئی پَل سحر ہے اے اسلم
نہ کسی پَل کا انتظار مجھے

تیرے ملبوس کا انداز نرالا سا لگا
بن سنورنے کا ترا ڈھنگ انوکھا سا لگا

کل مرے شانے پہ سر رکھ کے جو رویا تھا بہت
آج اُسے آئینے میں دیکھا تو جھٹکا سا لگا

خطّۂ زیست میں ہے حسن و نفاست اس سے
اسے چھُو لینے سے احساس سنورنا سا لگا

تمتماتے ہوئے رخسار ، دہکتے ہوئے لب
جسم کا جسم تمنّا سے پگھلتا سا لگا

دن اندھیرے ہوئے راتیں ہوئیں خوابوں سے بعید
وہ ہوا سیج تو ہر اک زاویہ جھوٹا سا لگا

ایسے تنہا ہوئے ــ جیسے نہیں ہمگراں کوئی
ایسے مدہوش کہ احساس بھی سہما سا لگا

وہ بھی روشن ہے کہ ہے جس نے مٹایا اسلم
مِٹنے والے کے بھی ماتھے پہ اُجالا سا لگا

آنکھوں میں ابھی خمار سا ہے
شائد کوئی خواب کھو گیا ہے

سورج کا سیہ لباس سایہ
راتوں میں خموش گھومتا ہے

آیا ہے ابھی مدار پردہ !!
چہرہ جو ذرا چمک رہا ہے

پھر جاگ اُٹھیں گے راہ رَو سب
پھر راستہ منتظر پڑا ہے

بستر کے شکن ابھی نہ جاگے
اور گھر سے بدن نکل چکا ہے

اسلم کوئی گھر کی سمت دیکھے
تھوڑا سا اندھیرا بچ رہا ہے

نئے صحیفے زمیں پر اتارنے کے لئے
بکھیر پھر وہی گیسو سنوارنے کے لئے

کچھ اور زہر کی رنگت ملا کے ہو شاداب
ہر ایک برگ کا پرتو نکھارنے کے لئے

اس ایک کوچے میں واقف نہیں کسی سے بھی ہم
کسی کا نام بتادے پکارنے کے لئے

تجھے قسم ہے کہ بے ساختہ قریب نہ آ
ہوس کا نقش لہو میں ابھارنے کے لئے

ہم اپنی زیست سے ہرگز نہیں پناہ طلب
کہ ایک شب ہے سو وہ بھی گزارنے کے لئے

سخن تو ایک بہانہ سا ہے مجھے اسلم
شرر جنوں کا ہوا میں ابھارنے کے لئے

میں بُرا ہوں مجھے اچھا مت کہہ
جو نہیں دل میں سو ویسا مت کہہ

لُٹ چکا ہوں سرِ بازارِ خرد
میری حالت کو تماشا مت کہہ

اور جی لینے کی اُمید ہے کچھ
دیکھ ویرانی کو دنیا مت کہہ

تیری رسوائی مِری رسوائی!
مجھ سے دیوانے کو اپنا مت کہہ

میرے لہجے کا بجھاپن پہچان
میری حسرت کو تمنّا مت کہہ

میں ہوں اِک محفلِ صد حیرانی
ہوں اکیلا مجھے تنہا مت کہہ

میری خاموشی کو اظہار نہ جان
بے زبانی کو اِشارہ مت کہہ

اشک ہے یوں کہ کچھ اُمید تو ہے
اسے اک شب کا ستارہ مت کہہ

تو بھی اسلم کو غلط ہی سمجھا
اک خطر کار کو دانا مت کہہ

اک ٹوٹتے شجر کی کہانی سنائیں گے
اندھے سفر سے ایسے پرندے بھی آئیں گے

رنگوں میں پھر بھڑک سی اُٹھے گی سیاہ آگ
پھر کینوس کو گرم مناظر سجائیں گے

پھر چیختی ہوائیں گھس آئیں گی شہر میں
سنّاٹے پھر گھروں میں صدائیں بسائیں گے

ہم نے بھی معرکے کئے لفظوں کی جنگ میں
ہم بھی تجھے زمینِ سخن یاد آئیں گے

صحراؤں میں بھی اُٹھتی ہیں لہریں گمان کی
اسلمؔ سمندروں کی طرف ہم نہ جائیں گے

مری تلاش کو اک ہم ادا ہی جانے گا
مسافرت کو مری راستہ ہی جانے گا

پرکھ سکے گا وہی میری روشنی کی شکست
مری خلش کو وہ اک بے وفا ہی جانے گا

جو ہم نے چاہا وہ ہم سے ادا نہ صاف ہوا
وہ ساری بات کو اب ماسوا ہی جانے گا

ہُوا ہے حُسن بھی اخلاقیات میں غارت
وہ میرے عشق کو بھی ناروا ہی جانے گا

بھٹک رہا ہوں مگر اس طرح تن تنہا
کہ جو بھی دیکھے گا وہ رہنما ہی جانے گا

مجھی پہ رک گئی کیوں واسطہ کی حد اسلم
ہر ایک چہرہ مجھے آئینہ ہی جانے گا

یوں نہ وارفتۂ حیرانی ہو
اپنی ہستی کا نہ زندانی ہو

کھو کھلا رنگ ہی باقی نہ بچے
نور میں ایسی نہ ویرانی ہو

ایک بکھرا ہوا منظر ہوں میں
اور بکھروں جو پریشانی ہو

پھر اُٹھے شوقِ طلب سے طوفاں
پھر وہی بے سروسامانی ہو

اپنی سانسوں کی نمی ختم ہوئی
اس سے بڑھ کر کوئی آسانی ہو

ٹوٹتے شعلے زمیں پر بکھرے
اسلمؔ اب کیا سخن افشانی ہو

مرا تپاک ستاتا رہا یُونہی مجھ کو
ہر ایک چاپ سناتا رہا یُونہی مجھ کو

میں انتظار میں ہوں اور وہ مجھ کو بھول گیا
یہی خیال جگاتا رہا یُونہی مجھ کو

ہمارے بیچ میں حائل کئی سمندر تھے
وہ بار بار بُلاتا رہا یُونہی مجھ کو

کہیں گھڑی نہ گزر جائے چاند کِھلنے کی
یہ خوف خواب میں آتا رہا یُونہی مجھ کو

میں اک فریب سے یوں دل شکستہ تھا اسلم
گماں بھی وہم دکھاتا رہا یُونہی مجھ کو

مست ہے اپنی ادا سے یہ بھی
نوحہ گر دُکھ ہے نوا سے یہ بھی

زخم ہر ایک کی قسمت میں نہیں
پھول کھلتے ہیں دُعا سے یہ بھی

پھول پژمردہ ہوا کے شائق!
نابلد موجِ صبا سے یہ بھی

آئینہ چہرہ فروشی تک ہے..!
ایک منظر ہے قضا سے یہ بھی

اس پہ مٹنے کی اداکاری کی!
کام نکلا ہے ریا سے یہ بھی

میرے سب جرم، ترا بس اک لمس
ڈھانپ لے اپنی رِدا سے یہ بھی

لفظ کو لفظ سے بڑھ کر لکھیں
ذوق اسلمؔ ہے ذکا سے یہ بھی

شور ہر چند مری دیدہ دری کا بھی ہے
مجھ پہ الزام کچھ آشفتہ سری کا بھی ہے

ہم بُرے ہی سہی پر اتنے گئے گزرے نہیں
یعنی کچھ عیب تری بد نظری کا بھی ہے

ٹمٹمانا تھا، سو اب بجھ گیا خوابوں کا دِیا
اِس میں کچھ ہاتھ ہوائے سحری کا بھی ہے

سب کی سننی ہے مگر کچھ نہیں کہنا ہے مجھے
اِمتحاں اب کے مری بے جگری کا بھی ہے

دیکھنا کیا ہے؟ نگاہوں کا مِٹا دینا ہے
یعنی کچھ فائدہ یاں بے بصری کا بھی ہے

میں ہتیلی تو سمجھتا نہیں لیکن اسلم
اِک نشاں اس میں مری دربہ دری کا بھی ہے

اب صبا کو خاک یا وحشت بیابانی چاہیئے
مٹنے والے کی اسے کوئی نِشانی چاہیئے

بڑھ کے خود سیلاب لے لے گا اسے گرداب میں
کب زمیں کا اس کو اقرارِ زبانی چاہیئے

سکھ ہیں آنکھیں نم نہ ہوں اور ہونٹ بھی سوکھے نہ ہوں
اس قدر سنجیدگی اب ہم میں آنی چاہیئے

کتنے ہنستے گھر جلے روشن کتابوں کی طرح
اب ہمیں بھی آگ کی کچھ مہربانی چاہیئے

اک نئی پُرخار وادی : اک نئی فردوسِ خواب
اس لیے اے دل خوشی ہر ایک فانی چاہیئے

گُل رخوں کی بزم میں رقصاں رہے فِتنہ گری
دولتِ دل اس طرح اسلم لٹانی چاہیئے

اگرچہ بادلِ ناخواستہ ملیں اس سے !
اُسی کے فتنہ کا کیوں تذکرہ کریں اس سے

سوادِ کوچۂ جاناں ہے جس کو شہرِ ستم
اسے جنوں ہے اگر، ہم بھی کیا کہیں اس سے

بس ایک رشتۂ صد اختلاف ممکن ہے
گر استوار کوئی رشتہ رکھ سکیں اس سے

اک آئینہ ہے جو دیتا ہے اشتعالِ غرور
یہ جی میں آتا ہے آئینہ چھین لیں اس سے

اگر وجود پہ تھوڑی سی ہم کو قدرت ہو
دلِ ستم زدہ کا ربط توڑ دیں اس سے

وجود اس کا ہر اک شئے میں پھونکتا ہے تپاک
عجب نہیں کہ ہمیں بولنے لگیں اس سے

کچھ اتنا خشک ہے اسلم حیات کا موسم
نمی کی طرح تعلق سہی رکھیں اس سے

یہ چہرے یوں ہی اگر بے نظر گزرنے تھے
ہمیں بھی چھُپنے کی خاطر جتن نہ کرنے تھے

زمینِ خشک پہ ہونا تھا درد کو شاداب
کہ دشت ہی میں مرے قافلے ٹھہرنے تھے

خود اپنے عکس پہ آئینے میں جراحت کیا؟
لہو کے قطرے اِسی سطح پر بکھرنے تھے

انہیں ہوس کہ ہو چڑیوں کا چہچہانا عام
وہ خواب پیشہ اِسی آرزو میں مرنے تھے

فسادکاروں سے آباد دِل کی بستی ہے
پیمبر اور اِسی خطّے میں اُترنے تھے

ہمیں بھی ہم نفس اسلمؔ بُرا بھلا کہتے !
حیات میں ہمیں ایسے بھی کام کرنے تھے

کچھ اتنا محترق غمِ جاں سے لہو نہ ہو
آتش صفت سہی پہ یہ خاشاک خو نہ ہو

ہے سبز آئینہ میں کسی زہر کا خیال
لمحاتِ جاں کی آب میں اپنا عدو نہ ہو

اے دل لہو لہو سا نہ ہو روح کا بدن
یعنی دُھواں دُھواں سا کہیں رو بہ رو نہ ہو

پھر گرد پر اُبھر نہ گیا ہو خیالِ خوف
پھر گرد چہرگی سے مری گفتگو نہ ہو

ایسے زمیں چٹخ گئی صدیوں کی جیسے پیاس
اسلم یہ دکھ کے بیج کا ذوقِ نمو نہ ہو

اسلم عمادی 72 اگلے موسم کا انتظار (غزلیں)

ٹوٹتے کواڑوں میں روشنی در آئے گی!
ذات کے مکاں میں پھر آگ پھیل جائے گی
ق
پھر جلیں گے سب طغرے، آرٹ اور تصویریں
پھر سجاوٹوں کی راکھ اک سماں بنائے گی
ق
پھر دھواں اُٹھے گا یوں چہرہ بجھ سا جائے گا
آنکھیں ایسے جھانکیں گی، رات ٹوٹ جائے گی

یوں جمود پھیلے گا تیز رو زمانے میں!
دوڑتی ہوئی ہر شئے خفتہ عکس پائے گی

برف سی ہواؤں نے زہر کر دیا تازہ!
پھر لہو میں تاریکی آج سنسنائے گی

جس کے پنکھ میں دکھ کی شاخ ہے پھنسی اسلم
آج رات وہ چڑیا نیلے گیت گائے گی

ہونٹوں کو تبسم کی ادا تک نہیں آتی !
یوں خشک ہوئے ہیں کہ دُعا تک نہیں آتی

تشبیہیں، علامات، بہاروں کی طرح چُپ
اب ان میں کبھی بادِ صبا تک نہیں آتی

سوکھے ہوئے پتّوں کی طرح پنکھ ہیں لیکن
سائے کے لئے سر پہ قضا تک نہیں آتی

کھڑکی سے تجھے جھانکتے ہیں چاند ستارے
بن دید کئے ان میں ضیا تک نہیں آتی

سب تشنہ شجر جذب کے عالم میں کھڑے ہیں
کئے دن ہوئے اس سمت ہوا تک نہیں آتی

سب دستکیں مٹ سی گیئں، کیا رات ہے اسلم
اب پچھلے پہر اپنی صدا تک نہیں آتی

آنکھوں سے لہو چیخنے والے نہ رہیں گے
ہم بجھ گئے تو زخمی اُجالے نہ رہیں گے

بہکائیں گے پھر ہنستے ہوئے وحشی اُجالے
ہم کوئی گھڑی خود کو سنبھالے نہ رہیں گے

اے شب تری گہرائی میں چھپ جائیں گے ہم سب
اے صبح ترے چاہنے والے نہ رہیں گے

اِک بوڑھی ہے، دیوار کے سائے میں پڑی ہے
دیوار گرے گی، تو یہ نالے نہ رہیں گے

اک بجھتی ہوئی آگ خدا بننے لگی ہے
ہم اب تری وحشت کے حوالے نہ رہیں گے

جاری رہے گر پیکر و احساس کی یہ جنگ!
یہ زہرہ جبیناں یہ جیالے نہ رہیں گے

آنکھوں میں اُتر جائیں گی منظر کی سلاخیں
پھر خوابوں کے یہ دھندلے سے جالے نہ رہیں گے

اک بچّہ ہے جو کاغذی کشتی پہ رواں ہے
اسلم تجھے امکان سنبھالے نہ رہیں گے

چلی نہ جائے ہوائے ستم اُڑا کے مجھے
زمین خوش ہے بہت مشتِ خاک پا کے مجھے

لہو ہے محترق اتنا، گر احتیاط نہ ہو
جنوں کی آنچ لگے، رکھ دے یہ جلا کے مجھے

چراغِ شامِ تمنّا ہوں آرزو گہہ میں
شفق ہوا بھی بہت روئے گی بجھا کے مجھے

سکون و ضبط کے دستور سارے توڑ دیئے
یہ تو نے چاہِ طلب کی طرف بُلا کے مجھے

پھنسا ہوں نخلِ ستم میں بکھرتے پنکھ لئے
پکارتے ہیں مگر قافلے صدا کے مجھے

اس اک خیال سے ہی مست ہوں کہ اے اسلم
چلو خدا تو بہل ہی گیا بنا کے مجھے

اس ذہن سا دشمن کوئی ہو بھی نہیں سکتا
یوں سوچتا رہتا ہے میں سو بھی نہیں سکتا

ہنس دوں تو زمانہ مجھے مسرور ہی سمجھے
وہ لذّتِ غم ہے کہ میں رو بھی نہیں سکتا

ہے پشت پہ بے چہرہ تہی دستوں کی اک بِھیڑ
ہے راہِ طلب یوں کہ میں کھو بھی نہیں سکتا

اے بادِ صبا شب نے جو یہ داغ دیا ہے
اک قطرۂ شبنم اسے دھو بھی نہیں سکتا

میں اور یہ مفروضہ عقائد کا سفینہ
جو کِھے نہیں سکتا تو ڈبو بھی نہیں سکتا

اسلم ہے یہی قیدِ طلسمات کا اثبات
ہم چاہتے جو ہیں کبھی ہو بھی نہیں سکتا

سر کو جھکائے بالکنی میں کون کھڑا تھا؟
پچھلی شب جب میں نے کھڑکی سے جھانکا تھا

کس کے موہ میں گم تھے؟ جب میں ٹوٹ رہا تھا
اس پل میں نے دُکھ سے تمہارا نام لیا تھا

دونوں نے اک ایک خدا کا خواب بُنا تھا
اس کا خدا پیکر تھا اور میرا سایہ تھا

ق
اس کے شہر میں طوفاں میں سب غرق ہوئے تھے
میرا شہر مرے جیسا بالکل پیاسا تھا

بلب جلے تھے سڑکوں پر تازہ ہلچل تھی
رات تھی لیکن جیسے اندھیرا ٹوٹ رہا تھا

مرتے مرتے پیاسے کی آنکھوں میں چمک تھی
اہلِ جہاں سچ کہتے ہیں اس کا بھی خدا تھا

پہلی شناخت پہ کیسی حسرت چیخ اُٹھی تھی!
کوئی مجھ سے مل کر جیسے ابھی ٹوٹا تھا

کتنی خوشی محسوس ہوئی اسلمؔ یہ سُن کر
اب کے کسی نے نام مرا بھی پوچھ لیا تھا

موسم ہنسا تو جسم کی بُو یاد آگئی!
دیکھے گلاب جھینپتے تُو یاد آگئی

کچھ یوں مِلا غبار سے آلودگی میں لطف
وہ بے سبب لپٹنے کی، خُو یاد آگئی

پھر وہ خیال شعلہ کی صورت بھڑک اُٹھا
جو بات تھی چراغِ لہو۔ یاد آگئی

جن جن سے دوستی تھی انہیں بھولتے گئے
ہستی جو تھی ہماری عدو یاد آگئی

پھر اس میں اس کے سارے پرندے سمٹ گئے
پرواز کی وہ وحشی سی خُو یاد آگئی

رکھی تھی اپنی یاد میں پہلی وہ اک قمیص
جس پر نہ ہو سکا تھا رفو یاد آگئی

جب دھوپ زہر بار نہ تھی نے ہوا عدو
اسلمؔ وہ صبحِ ذوقِ نمو یاد آگئی

کیا بھلے جس کو آبلہ پائی کا شوق ہو
مجھ کو شکستہ خوابوں کے رستے پہ چھوڑ دو

یہ بن گئی ہیں کربِ درونی کا آئینہ
گر ہوسکے، تو آنکھیں کسی طرح مُوند لو

حیرت ہے، تم نہ میری خلش کو سمجھ سکے
حال آں کہ تم مری رگِ جاں کے قریب ہو

حیرت ہے وقتِ شام گرے مہر ٹوٹ کر
ہر آنکھ دیکھتی رہے — تم کوئی بھی نہ ہو

حیرت ہے، صبح کھینچ کے بستر سے پھینک دے
ہر فرد منتظر ہے کہ سورج طلوع ہو

میں ایک مٹتی آگ ہوں، اک بجھتی روشنی
مجھ کو نہ چاہو: ایسا نہیں ہوں کہ روک لو

قید ہوں بے نور آوازوں کے بیچ
سخت تنہا تیر اندازوں کے بیچ

دونوں دل بے چین مہجوری کی شب
سات پردے دونوں دروازوں کے بیچ

اے غمِ رسوائی اب عُقدہ کُھلا!
سادہ تر تھے ہم جہاں سازوں کے بیچ

دیر تک آواز اُبھری ہی نہیں
یوں گزاری شام ہم رازوں کے بیچ

ایک دن اسلم سخن فہموں سے مِل
بیٹھ دو پَل زخمی شہ بازوں کے بیچ

ٹوٹا تضادِ ذات سے وہ نور سا وجود
اب سایہ رہ گیا ہے اگر چاہو، ڈھونڈ لو

ہر پَل سُنائی دے گی کوئی بے صدا سی چیخ
سہمی فضائیں کان لگا کر اگر سنو!

میں ہنس رہا ہوں، مجھ سے نہ پوچھو کہ کیا ہوا
تم بھی ہنسو اے شاخ سے ٹوٹے ہوئے گلو!

کوئی نہیں تو رونا سِسکنا ہے بے سبب
آہٹ ملے تو پھر سے یونہی چیخنے لگو!

شب کے خزاں دمیدہ درختوں کے درمیاں
کیوں کھو گئے شناخت کے بے نام جگنوؤ

کب سے دماغ خشک ہے اور روح سخت سرد
اسلم جوان لمحوں کی کوئی غزل پڑھو

آتشِ مرطوب

"نیا جزیرہ"
اور
"اجنبی پرندے"
سے منتخب غزلیں

◯

آنسو شریکِ گرمیٔ حرفِ دُعا رہے
یا رب درِ سوال نہ اِس طرح وا رہے

کچھ دن ہمارے نام سے تم کو بھی بُغض تھا
کچھ روز اپنے نام سے ہم بھی خفا رہے

ساحل پہ اُڑنے والے پرندے بھی کھو نہ جائیں
اے چشمِ پُر اُمید ترا آسرا رہے

دشمن سہی مگر کبھی اپنا بھی دوست تھا
اب کے ملے تو چہرہ نہ اس کا چھپا رہے

اسلم جو لمحے چین سے گزرے ہیں اپنے گھر
سچ پوچھیے تو اور بھی صبر آزما رہے

بڑھ چلی رات بجھی شمع چلو، سو جاؤ
اب غمِ جورِ زمانہ نہ کرو سو جاؤ

رات بھر ذہن کے اطراف یہ منڈلائے گی
اپنی دل دوز کہانی نہ کہو سو جاؤ

آنکھیں بھر آئی ہیں اور جنبشِ دل حیراں ہے
اب یہ آیئنہ سی نظمیں نہ لکھو، سو جاؤ

فتنۂ دیدۂ وا، پھر تمہیں اُلجھا دے گا
اس سے بہتر ہے مری بات سنو، سو جاؤ

کب سے ٹوٹی ہوئی کشتی پہ پڑے ہو یونہی
تیز طوفان کے جھٹکے نہ سہو، سو جاؤ

اس سے بہتر تو نہیں ہے کوئی قسمت اسلم
زانوئے یار پہ سر اپنا رکھو، سو جاؤ

کہاں غروب ہوئے راستہ دکھاتے ہوئے
کہاں پہ لا کے پھنسایا ہے تم نے جاتے ہوئے

خدا سے میرا تعلق ہے گر تو اتنا ہے!
کہ اس کو میں نے بھی دیکھا ہے پاس آتے ہوئے

ہمیں پکار کے تنگ آ چکے ہیں سب دشمن
کہ اک نشان بھی چھوڑا نہ ہم نے جاتے ہوئے

تماشے ہنستے رہے رات رات شہروں میں
بہت مگن تھی ہوا آئینے نچاتے ہوئے

وہ میں کہ جس نے چکایا تھا سب کا قرض اسلم
وہ غرق ہو گیا دریا میں مسکراتے ہوئے

تجھ کو دیکھوں کہ زمانہ دیکھوں
یا پھر اپنے کو بکھرتا دیکھوں

ایک مدّت سے یہی خواہش ہے
آئینے میں کوئی چہرہ دیکھوں

کب تک اک شیشۂ سادہ کی طرح
یوں ہی ہر ایک تماشہ دیکھوں

بند ہے ہوش دریچہ شاید
آنکھیں کھولوں ترا جلوہ دیکھوں

تو اگر چاند ہے اے نور نژاد
اپنے آنگن میں اُترتا دیکھوں

تو اگر غنچہ ہے اے حسن مشام
اپنے باغیچے میں کھلتا دیکھوں

تو اگر شعلہ ہے اے برق صفت
اپنے سینے میں اترتا دیکھوں

تو اگر شمع ہے اے بزم آرا
اپنے گھر میں تجھے تنہا دیکھوں

تجھ سے کہنی ہے مجھے اک نئی بات
کاش تجھ کو کبھی تنہا دیکھوں

تو تو دریا ہے سرِ وادیٔ شوق
ایک پل تجھ کو ٹھہرتا دیکھوں

سوال ایک چھپا آگ کے ضمیر میں ہے
کوئی چراغ بھی آواز کی لکیر میں ہے

ہر ایک بات پہ لڑتا ہوں جنگجو کی طرح
لہو کا رنگ مری ذات کے خمیر میں ہے

بدن میں روشنیاں درد کی جلاتا ہے
عجیب چیخ سی پنہاں ہوا کے تیر میں ہے

یہ قہقہہ جو ہے چپکا ہوا لبوں سے ترے
یہی تو نور کا تنکا غمِ خطیر میں ہے

کوئی بھی اُڑ نہیں سکتا یہاں پہ اے اسلم
ہوائے خوف سی آبادی اسیر میں ہے

حسنِ یخ بستہ تماشہ سرسبز
باغِ کشمیر کا جلوہ سرسبز

تُو جو ہو ساتھ تو منظر سارا
دیدِ صد رنگ، زمانہ سرسبز

ہوگئی وادیٔ خوش بخت مگر
دیکھ کر اک رخِ زیبا سرسبز

سارے اشجار ہوا کو پی کر!
ہوگئے زہر سے گویا سرسبز

ہم سفر تُو ہے تو ہر لمحہ نشاط
اور سفر کی ہے تمنّا سرسبز

حُسنِ فطرت کا ہے جادو اسلمؔ
باغِ کشمیر کا جلوہ سرسبز

دیکھتی رہتی ہے چُپ چاپ یہ دنیا ہم کو
اس پہ حیرت ہے کسی نے بھی نہ سمجھا ہم کو

حرف کے سنگ میں پوشیدہ ہے معنی کا شرر
کچھ اسی سنگ تراشی سے ہے کہنا ہم کو

اپنی آتش میں رطوبت سی ہے دانائی کی
بھیگی لکڑی کی طرح سے ہے سُلگنا ہم کو

ڈوبتے رہتے ہیں انسانوں کی صورت منظر
لبِ ساحل ہے یہی کربِ تماشہ ہم کو

اپنے سائے سے بہت خوش ہیں کہ اے دشتِ طلب
اس بچارے نے نہ چھوڑا کبھی تنہا ہم کو

پھر مہکنے لگے جیسے ترے ملبوس کے پھول
پھر تری آنکھوں کی خوشبو نے پکارا ہم کو

یہ غزل گوئی کا موسم ہے نہ نغمے کا مزاج
شہرِ ہیجان میں اسلم یہ ہوا کیا ہم کو

فرشتے جھاڑیوں میں پھنس گئے ہیں
پیمبر وادیوں کو ڈھونڈتے ہیں

اب الہامات کی بارش نہ ہوگی
ہزاروں لوگ صف بستہ کھڑے ہیں

گریں گے ٹوٹ کر چہروں کے پتّے
درختوں کے تنے بکنے لگے ہیں

میں آتش گیر مٹّی کا نمونہ!
جسے موسم بہ مشکل سہہ رہے ہیں

اسے لرزش کوئی انعام دیدے
کہ اسلم جسم پہ تالے پڑے ہیں

اپنا امیج ٹوٹتے دیکھا نہیں گیا
ہم سے ہوائے تند میں ٹھہرا نہیں گیا

آوازیں چلنے پھرنے کی آئی تو تھیں مگر
سایوں کو گھومتے ہوئے پایا نہیں گیا

وہ سکّہ ہوں کہ شہر میں جس کا رواج ہے
لیکن جو رہگزر سے اٹھایا نہیں گیا

اے شمعِ انتظار نہ دے روشنی کو زہر
اے چشمِ شوق دیکھ ابھی رستہ نہیں گیا

اسلم یہی وہ شخص ہے جس کا منا تھا جشن
لیکن جسے خود اس میں بلایا نہیں گیا

یہ بھی کوئی بدن ہے کہ جس میں صدا نہیں
دیکھو یہاں پہ کون ہے جو چیختا نہیں

گم کردہ موسموں کے تو ماتم رچاتے ہو
سونگھو ہوا کو، دیکھو یہ موسم نیا نہیں

اتنے عزیز، اتنے ہوا خواہ اُس پہ وہم
کہتے ہو سارے شہر میں کوئی مِلا نہیں

ہم اپنی سانس لیتے ہیں، ہم اپنے غم گسار
جاؤ، ہمارا تم سے کوئی واسطہ نہیں

بے سبزگی نے سارے درختوں کو کھا لیا
سب ہیں سنہرے کوئی بھی پتّہ ہرا نہیں

تا عمر اکتسابِ رسوم و قیود ہے!
زہر ہوا ہے اس سے کوئی چھوٹتا نہیں

اسلم اسے بھی خطرہِ اظہارِ عشق ہے
وہ روشنی کا جسم اِدھر دیکھتا نہیں

اکیلے بیٹھے سگریٹ پی رہے ہیں
یہ لمحے سوچ بن کر جی رہے ہیں

اثر کرتے ہیں تیشے کی طرح ہم
خود اپنے درد کی تیزی رہے ہیں

یہاں اب خوف سے آتا نہیں وہم
یہ چہرے مدّتوں خالی رہے ہیں

وہ بیٹھی تھی تو ایسا لگ رہا تھا
کہ ہم پہلے اداکاری رہے ہیں

ہمارے جسم میں کیا ہے؟ تمہیں کیا
زمانے پر تو ہم حاوی رہے ہیں

یہی محسوس اب ہونا ہے اسلم
ہم اپنے قتل کے عادی رہے ہیں

پھر وہ پتھریلے جزیروں کا سفر ختم ہوا
پھر وہ ہنگامۂ اربابِ نظر ختم ہوا

سر برہنہ پھرے صحراؤں میں رنگیں سائے
دن کا آشوب سرِ راہ گزر ختم ہوا

اب تڑپتے ہوئے پَر داروں کا آتا ہے ہجوم
موسمِ نیم شبی دیدۂ تر ختم ہوا

سر اٹھایا تو طلسموں کا جہاں غائب تھا
اب خبر آئی کہ وہ سجدۂ در ختم ہوا

نُور ریزے

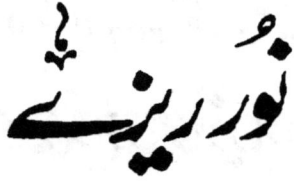

آنکھوں میں جھلک دیکھو دو بجھتے چراغوں کی
کیا رُوح تڑپتی ہے ہم شعلہ دماغوں کی

دن تھا تو خط ، خبر کی تمنّا میں کھو گیا
اب شب ہے، یہ تو خواب کی حسرت میں ڈھل نہ جائے

پُکار مت مجھے اب میں خدا کی سمت چلا
کہ انتظار ترا میری زندگی تک تھا

وہ ہم کہ رسمِ پشیمانیِ دُعا نہ سہیں
قسم کہ ایک سے بڑھ کر کوئی خدا نہ سہیں

ہمارے خواب کہ بے آب مزرعے کی اُپج
ہمارے ساتھ سدا خواب آفرینی بھی

میری اَنا کو ذوق ہے جب لامکاں کا بئیں
پیکر کی طرح بیچ میں دیوار کیوں رہوں؟

ہزار زخم لگے، میں نے اُف نہ کی اسلم
پہ رو پڑا ہوں انا پر بس اک گزند سے کیا!

ہے — گھنی مصروفیت کے درمیاں
وہ نظر مشکل سوالوں کی طرح —!

میں تجھ سے پوچھ تو لوں، تجھ کو تو خبر ہوگی
یہ گر وفا ہے : تو کیا چیز بے وفائی ہے؟

تذکرہ ہم بھی اس کا کرتے ہیں
دم اُسی اجنبی کا بھرتے ہیں

زندگی سُست رو سا قاتل ہے
ہم اسی اک ادا پہ مرتے ہیں

ضم میری ذات میں مرا شاطر غنیم بھی
تقدیس کے خمیر میں یہ اک لئیم بھی

سچ یہ ہے کہ اظہار کو باقی نہیں اِک حرف
ہونٹوں پہ گماں یُوں ہے کہ اک موج تھمی ہے

نہیں درد — بس درد کا خوف ہے
نہیں رات سورج نکلتی ہوئی

سینے میں تیرے دونوں کبوتر ہیں بے سکوں
میں بھی تو ایک پیاس ہوں اک لمحہ آغوش

چلتے چلتے کبھی طے ہو بھی علاقہ دن کا
جھکتی شاخوں سے اُبھرتی ہوئی اک رات ملے

مَیں کائنات کے ذرّوں کی بات کرتا ہوں
یہ ٹوٹتے تو کئی حادثے ٹھہر جاتے

اکیلے در پہ کوئی کھٹکھٹا رہا ہے ابھی
کہ اک گمان سا اندر چُھپا ہوا ہے ابھی

اسلم عمادی 110 اگلے موسم کا انتظار (غزلیں)

اننے گہرے ساگر میں مدتوں سے پیاسا ہوں
بے پناہ سازش ہوں، دل فریب دھوکا ہوں

دھوپ آتی ہے تو بس جھانک کے ڈر جاتی ہے
ان گھروں میں ہے کئی صدیوں سے رہتی ہوئی شب

نظر لگی ہے فلک سے، نہ جانے کس لمحہ
ہمارا چاند شبِ انتظار لے آئے

زخمی نہیں وہ جو کہ یہاں چیختا نہیں
قربانیوں کے شہر میں شہرت بھی چاہیئے

غم زدہ چہرے اتنے دیکھے ہیں
اب میں کُھل کر کبھی ہنسوں بھی نہیں

اک قہقہے میں ڈوب گیا سب نشاط و کرب
وہ چیخنا خزاں کا، وہ ہنسنا بہار کا

تڑپ رہی ہے یہ دنیا مرے شکنجے میں
سمجھ کے طائرِ بے صوت و بے صدا مجھ کو

تمھارے ہونٹوں سے بوسے کی تازگی مانگوں
کہ میرے ہونٹوں کا نغمہ کبھی تمام نہ ہو

نوا نہ کھیل کہ شاید کسی کو ہوش نہ آے
ہوا نہ باندھ کہ عالم تمام منظر ہے